AF390816

ACADIE ROAD

Conception graphique de la couverture : Kinos.
Conception graphique : Lisa Lévesque.
Révision linguistique : Catherine Pion.

CATALOGAGE AVANT PUBLICATION DE BIBLIOTHÈQUE ET ARCHIVES CANADA

Robichaud, Gabriel, 1990-, auteur   Acadie Road / Gabriel Robichaud.

(Poésie.) Publié en formats imprimé(s) et électronique(s).
ISBN 978-2-89691-279-7 (couverture souple).
ISBN 978-2-89691-280-3 (PDF).
ISBN 978-2-89691-281-0 (HTML)

   I. Titre.

PS8635.O2314A64 2018   C841'.6   C2018-900221-2
                                             C2018-900222-0

DISTRIBUTION AU CANADA
Dimedia
539, boulevard Lebeau
Saint-Laurent (Québec) H4N 1S2
Tél. : 514 336-3941

Les Éditions Perce-Neige   editionsperceneige.ca
22-140, rue Botsford   perceneige@nb.aibn.com
Moncton (N.-B.)   Tél. : 506 383-4446
Canada E1C 4X4   Cell. : 506 380-0740

La production des Éditions Perce-Neige est rendue possible grâce
à la contribution financière du Conseil des Arts du Canada
et de la Direction des arts et des entreprises culturelles
du Nouveau-Brunswick.

ACADIE ROAD

GABRIEL ROBICHAUD

LES ÉDITIONS PERCE-NEIGE

Pour toi

*Et si j'y étais resté
J'en aurais même pas parlé*

Denis Richard, *Petit Rocher*

*Pis des fois
J'm'ennuie de toi*

Gérald Leblanc, *Rue Dufferin*

*J'ai faim de l'Acadie
Et j'ai soif de Parole*

Guy Arsenault, *Acadie Rock*

Prologue

Comme un trop-plein

Tu viens d'où
C'est quoi la ville encore
C'est un pays
Un état
Une province
Ça existe pour de vrai
Je croyais que c'était mort

Ou

Je connais ça je pense
Parle donc comme tu parles
C'est bizarre t'as pas l'accent
Ah là je l'ai entendu t'as dit ça de même

Ou encore

Je connais ça moi je te dis

J'y suis déjà allé quand j'étais petit
Une fois
À 6 ans
C'était beau
Me semble

Je connais ça moi
C'est où

Ça
Tout ça
Comme un trop-plein
Qui mène
Un jour
À

Pourquoi t'es parti

Je souris
Pogne les clés de mon char
Pis je pars

Avant la route

Y a quelque chose dans la terre qui t'a mis au monde
qui te ressemble

Antonine Maillet

Avant qu'y ait des chars

Le Prince Édouard était Saint-Jean
Sans *bullshit* loyaliste

Évangéline n'était
Ni un nom
Ni une région
Ni la figure de proue d'un rêve américain sur
le point de naitre
Le Cap-Breton était l'isle Royale
Sans se préoccuper d'une marque qui torche des culs
Le Coude se levait au gré des mascarets
Un doigt d'honneur tendu au général
Oubliant un K entre sa renommée pis son université
On faisait Beauséjour à Beaubassin
On ne forçait pas la francophonie sur l'Isle Madame
Et la parenté ne venait pas des États

En ce temps-là
On croyait en Dieu
Comme la Nouvelle France
Qui se crissait de nous
Comme la Vieille France
Qui nous crissait patience
Comme aujourd'hui

Les choses ne changent
Que pour ceux qui y croient

Avant de prendre la route

Je vais te présenter mon char
Comme on dévoile une vie
Comme on partage
Le chalet familial
Comme on rentre chez nous

Y a quelque chose ici qui berce pas comme ailleurs

Sur la route
Y aura l'inconnu
Pis ben du monde qu'on connait
Des boxeurs de baie
Des chanteurs de concours
Des fiertés de bord de chemin
D'autres cachées dans le fond des bois
Comme des *pêcheux* de coques sur un parc national
Pancartes à l'appui
Un *guilt trip* pour les intrus

Faudra continuer

Y aura
Des quatre voies
Des deux voies
Des orignaux
Des pointes
Des caps
Des lacs
Des falaises
De la mer d'un bord
Pis pas de mer de l'autre

Des guerres nord-sud
Des guerres est-ouest
Des tempêtes dans un verre d'eau entre les médias
pis les sociaux

Des traités mal signés
Des territoires divisés
Des projets de province jamais aboutis

Sauf quelques rouges électoraux
Qui ne font pas la différence

Des chutes pis des mythes
Pis des mythes à faire tomber
Des traces de monde parti
La race de ceux qui restent
Des taches de pneus sur l'asphalte
Comme une coulée de sang sur la côte
Entre la terre rouge
La mer en colère
Les crues du fleuve
Pis les vents qui arrachent la peau

C'est-tu un chemin
Que t'es capable de suivre

De la 101 à la 103

Si mon histoire est triste
Ce n'est pas votre faute
Mais soyons des artistes
Écrivons-en une autre

Angèle Arsenault, *Grand-Pré*

En musique
Comme en histoire
1755
Prend beaucoup de place

Heureusement
Y a autre chose

À Grand-Pré
Y a plein d'histoires
Pis pas assez de monde
Pour s'en rappeler

Y reste pu grand-chose
Du Port Royal
Mais maudit que c'est beau

À la Baie-Sainte-Marie
Le monde a trop de *chionnes*
Pis pas assez de bébés

Je ne suis pas resté suffisamment
À Par-en-Bas
Pour en parler
Je reviendrai

À Shelburne
On célèbre
Les loyalistes
En grande pompe

Je sais pas quoi penser

Je n'ai pas vu le Bluenose II
À Lunenburg
Je ne suis pas arrêté
À Peggy's Cove
Je n'ai pas vu la Citadelle d'Halifax
Je n'ai pas repris le poste de péage à Truro
Je ne t'ai pas raconté la nouvelle Antigonish
de Samuel Archibald
Mais c'est vraiment bon
Pis pas très loin
Du détroit de Canso

Halte n° 1

Sur la route
Des chemins
Des travers
Des nulle part
Des rues mythes qu'on invente en chanson
Des noms de places qui veulent pu rien dire
Des souvenirs qu'on efface
Transformés en parking en condos
en centre multifonctionnel

Dans mon char un téléphone
500 cds
Un carnet un stylo
Pour les idées à venir
Les histoires à raconter

Quand c'est trop long
Des ceintures à enlever
Des mains à promener
Ça se fait mieux la route à deux

Dans mon char
Y a les restes de qui je suis
Trimbalés sur les terres qui me permettent de rouler
Tu choisis le cd
Si je peux chanter la toune

Cédric Vieno demande à Éloïse de déposer son piano
sur ses épaules
Lisa Leblanc cherche comme une obsédée
pour une toune qui ramènera chez nous
Sur un Néguac and back
La radio des Hay Babies griche tout le temps
Paquetville Paquetville
Edith Butler se demande
Si Caraquet l'aime encore
Thomé Young vire le croche à Edgar
Joseph Edgar tombe pour une espionne russe
sur la rue des Églises
Les Païens interdisent le *Causeway*
Caroline Savoie a le blues de la transcanadienne
Joey Robin Haché entend le vent de Nigadoo
Florian Chiasson calme son câgou
Les aboiteaux de Calixte Duguay arrêtent d'attendre
Kenneth Saulnier retourne vivre à la baie
Lina Boudreau aussi
Ronald Bourgeois amène le vent
Lina Boudreau aussi
Jac Gautreau *spin*
Stef Paquette chante tout c'qu'il veut
Y compris être Acadien
Cayouche chante son Acadie

Je n'ai pas de cd de Natasha St-Pier

La Cabot Trail, la 312, Jersey Cove, la 105, la 125, la 22

Peu de temps après Pomquet
Direction les Hautes-Terres
Radio-Canada
N'est plus en ondes

De là-bas
Ça doit être difficile
De s'imaginer
Qu'on s'intéresse
À ses nouvelles

Changement de poste de radio n° 1

Constat

Y a plus de scandales dans les médias acadiens
Que de scandales en Acadie

À Margaree
Cayouche me rentre dedans
Comme l'alcool au volant

Ça prend plus
Que 2 jours
Pour bien faire le tour
Du Cap-Breton

À Chéticamp
On dit minimum
Pis maximum
Comme nulle part ailleurs
Pour abolir les limites

Pour te rendre à Sydney
Après le sentier de Cabot
Faut prendre un traversier
À Jersey Cove
Qui t'amène à Englishtown

Je le savais pas
J'ai *tripé*

Y reste pu grand-chose
De Louisbourg
Mais comme Port-Royal
Maudit que c'est beau

À Arichat
On pêche
Jusque dans les romans
De *Rudyard Kipling*

C'est un film qui me l'a appris

Halte n° 2

Sur la côte
Un village sans nom
Sans habitants sur les pancartes
Une église pas de clocher
Un reste de station d'essence
Un bar qui a brulé
Pis une impression qu'y pourrait
Y avoir la mer pas loin
Comme si quelqu'un avait eu soif

Halte n° 3

Un peu partout
Y a trop de Tim Horton's
Pis pas assez de cafés

Les routes inexplorées

Y a ben des places
Que je ne nommerai pas
Pas pour les ignorer
Mais par ignorance

Terre-Neuve
Gaspésie
Île-du-Prince-Édouard
Nouvelle-Écosse
Îles-de-la-Madeleine

On vous oublie moins souvent
Que le Téléjournal Acadie

Halte n° 4

J'arrête brusquement
Y a un gars
Au milieu du chemin
En train de ramasser des bouteilles vides

C'est pour un bouquet

Pas loin de lui
Y a la frontière
Entre là où le bonheur s'achète
Pis là où il se crée
Comme la chaleur d'un salon plein de monde
De chansons qui se chantent
De piano de guitares
De mains jointes pour tenir le rythme
Qui te permet d'être heureux
Sans un sou en poche

C'est là qu'il s'en va

La 2

À Sackville
Le monde est fier
De venir
De Sackville

Y a des fois
On se demande
Pourquoi

Le jour où Memramcook
A arrêté d'être
Le berceau de l'Acadie

L'Acadie a-t-elle arrêté
De bercer Memramcook

À Dieppe
On change pas le monde
Mais

Halte n° 5

À la maison de mon adolescence
Retour dans mon ancienne chambre

Avant
Y avait un gars qui écrivait

Asteure
Y a une déchiqueteuse

Malaise

À Moncton
Faut parfois apprendre
À sortir
De Moncton
Pis pas juste
Pour se rendre
À Montréal

À l'Université de Moncton
J'ai jamais *frenché* quelqu'un
Dans la bibliothèque

J'aurais dû

Si tu pars pour Memramcook
À partir du Colisée de Moncton
Avec *La Maline* de Marie-Jo Thério
T'arrives à la chapelle
Pour *Jam à Beaumont*

Sur le chemin du retour
Avec *Les matins habitables*
T'arrives à *Moncton*
Quand tu vois la ville

J'ai essayé

Détour par la 112 et la 114

Quand tu reviens à Moncton
T'es toujours content
De voir arriver
Le *Irving Big Stop*
À Salisbury
Mais jamais suffisamment
Pour t'y arrêter

À Riverview
On dit pas très fort
Qu'on vient
De Riverview

À Hillsborough
Un monument
À la mémoire
Du champ de bataille acadien
Dont personne ne se souvient

À Fundy
Y a des rochers
Un camping
Pis des marées
Qu'on protège
Pour se laver les mains
Du reste

Détour par la 1

Petitcodiac
Un village
Une rivière
Mais plus une rivière
Qu'un village

À Sussex
Ouf

À Saint-Jean
La ville
Pas l'ile
Pas la rivière
Pas le fleuve
Pas le Port-Joli

On va pas à Saint-Jean

À St. Andrews by-the-Sea
C'est paradisiaque
Mais plus anglais
Que paradisiaque

Pancarte de bord de route n° 1

Sur le panneau *Pattison*
Une affiche
La Semaine provinciale de la fierté française
Comme la traduction
D'un vide ambiant
Au quotidien

Le slogan de l'année

L'assimilation
Ça commence ici

À Assimiléville
Soit t'es francophone
Soit tu l'étais

À l'Assimilée

Je m'ennuie du temps
Où ma langue
Se lovait
Entre tes lèvres

De l'autre côté de la frontière

Au Maine
La flamme acadienne
S'allume au foin
Et aux sabots de bois

Faut pas que ça brule

Plus loin dans la frontière

À Lafayette
J'ai vu *le jour après se casser*
Et je me suis revu chez nous
Passer de déporté à porteur

Changement de poste de radio n° 3

Zachary Richard
La Louisiane en Acadie
Pas l'Acadie de la Louisiane

Halte n° 6

C'est là
Quelque part sur le bord de la plage
Qu'un cœur arraché
A traversé l'océan dans les airs
Pour atterrir

Pendant son vol
La personne partie le chercher à la nage
De l'autre côté
L'a vu

Rendue à moitié chemin
Elle est revenue

Y a personne qui sait
Si le cœur bat encore

Ni la nageuse
Ni le cœur
N'ont été retrouvés

Leur char par contre
Oui

Retour sur la 2

Dans la capitale provinciale
Le bilinguisme est fonctionnaire
Et la fonction publique
Pas toujours bilingue

À Woodstock
J'arrête
Demande

C'est où l'Acadie

Not here

Qu'elle répond
Derrière son *Times and Transcript*

Jusqu'à preuve du contraire
Elle a raison

À Hartland
Un record Guinness

Le plus long pont couvert au monde

Je ne suis pas encore certain
Que c'est ce que je couvrirais
À Hartland

Je n'ai rien à dire
Sur Florenceville

À Plaster Rock
Tu demandes qu'on prenne
Le chemin de la Renous
Tu remarques
La neige pas fondue
Sur le bord de la route
Elle te rappelle
Que c'est pas parce que le printemps arrive
Que tout le monde a du soleil

On revient sur notre chemin

À Saint-Léonard
Un jour
Y demanderont toute
Pour Léo
Parti danser avec le Suroît
Ce jour-là
On le rebaptisera finalement
St-Nard

À Sainte-Anne-de-Madawaska
Y a un « a » de trop
Décidez lequel

À Rivière-Verte
Y a pas grand-chose qui s'écrit
Comme ça se prononce

À Edmundston
Quand c'est le Congrès mondial
Tout le monde est acadien

Même le McDo
Même Roch Voisine

De l'autre côté de la frontière

Sur la 185
Au Témiscouata
Durant le Congrès mondial

On est Acadiens ?
Cool

Ça commence comme ça

Retour sur la 17

À Kedgwick
En canot
Faut ajouter une journée par soir de brosse
Pour descendre la Restigouche

À Val-d'Amour
Tu peux prouver
L'étendue de ton sentiment
En grimpant à pied
La côte qui t'amène
À ta déclaration
À une personne
De Saint-Arthur

À Saint-Arthur
Tu peux rendre la pareille
En dévalant la côte
Pour crier à tout le monde
Même ceux de McKendrick
Que t'as dit oui

Halte n° 7

Ici
Près de la mer
Y a un bloc
Où y ont construit
Un *fridge* à deux portes
Un pour chaque bord
Des appartements

On ne sait si les habitants
Y font cuisine commune
Ou pas

Changement de poste de radio n° 4

Christian Rioux
L'ignorance c'est une chose
L'ignorer c'en est une autre

Pancarte de bord de route n° 2

Avertissement pour un indépendantriste

Te fais-tu fourrer
Quand tu parles d'amour
À ton pays

Tu demandes

Fait que l'Acadie ça fait partie de toi
Ou tu fais partie de ça

Quelque part entre les trois

La 132

À la croisée
De Ste-Flavie
Et Grand-Métis
La mer a une route
Mais pas de marche à suivre

À Matane
J'ai pas trouvé le traversier
Qui mène à Bâton-Rouge

C'est pas grave

Quand t'écoutes Patrice Michaud
Y a bien des choses
Qui se passent
Entre Cap-Chat
Et Montréal

Dans la Gaspésie du Nord
Je me demande
Combien de Gaspésiens sont Acadiens
Sans le savoir
Combien de Gaspésiens acadiens le savent
Sans le vouloir
Combien de Gaspésiens acadiens
Ne veulent pas
Le savoir

Percé
Hopewell
Deux rochers
Deux trous
Pas la même vague

À Bonaventure
Le musée des Acadiens du Québec
Et tellement plus que ça

À Maria
Ça sentait la lavande
Pis la mer
Si j'avais un accident de char à faire
C'est là que j'arrêterais

À Carleton-sur-Mer
J'ai déjà vu un *conteux*
Parler de l'Acadie
En oubliant
Qu'elle y était déjà
Pis pas juste en drapeaux

J'ai pas blâmé le *conteux*
C'était pas de sa faute
Il venait d'ailleurs

À Matapédia
On apprend à jouer du piano
À Campbellton

Je trouve ça beau

Pancarte de bord de route n° 3

Pour se rendre dans la métropole
Tu prends le chemin
Tu continues tout droit
Pis tu verras
Tu peux pas le manquer
Si tu suis l'autoroute
Tu finiras par arriver

À quelques heures de la métropole

D'un côté
Du pont Laviolette
À Bécancour
La mémoire flotte l'été
La municipalité flotte
Le reste du temps

À côté du mât
Une grosse chaise
Pis une petite plaque

Ici
À l'année
On peut se bercer
Sur nos fondations

À quelques minutes de moins que quelques heures
de la métropole

De l'autre côté du pont Laviolette
Y a la trace
De celle qui l'a aimé

Il sait toujours pas
S'il s'en est rendu compte
Trop tard

T'avais pas envie
De voir la métropole

Pancarte de bord de route n° 4

Avertissement

Pour les travailleurs à l'ouest de tout ça

Nous vous souhaitons
De trouver
La richesse
De revenir

Halte n° 8

Au moment d'écrire ces mots
La route 11
N'a pas encore
Quatre voies
Faudrait que ça arrive

La 11

le temps est venu pour nous
de crier nos poèmes à tue-tête
puisque la côte chez nous
a couleur de sang

Gérald Leblanc, *Manifeste*

À Campbellton
Une rivière polluée
Un saumon de plomb

Faites le lien

Au mont Sugarloaf
Y a deux croix
Sur la falaise
Des sœurs
Montées en haut
Sans devenir invincibles

À Dalhousie
On refait le plein
De la Baie-des-Chaleurs
Avec le vide du paysage
Que remplissait le moulin

*Sais-tu combien ça coute
Fermer des gueules*

*Sais-tu combien ça coute
Fermer un moulin*

À Charlo
Pas loin du studio
En face de là où s'est joué
Le sort de la Nouvelle-France
Au printemps
La femme de sa vie bourdonne
Mais c'est pas là qu'elle vit

À Petit Rocher
Y a beaucoup plus
Qu'une toune
De Denis Richard

Dans l'œuvre de Denis Richard
Y a beaucoup plus
Qu'une toune
Sur Petit Rocher

Un peu plus au nord
De Petit Rocher
L'Artishow
Un cœur
Au verre vide qui se plaint
Au verre plein qui se vide
Entre un refrain
Une tablée
Un legs

Un cœur
Qui refuse d'arrêter
De battre

À Robertville
Y a plus de talent
Que de monde qui en profite

C'est un problème

À Beresford
Y a rencontré la femme de sa vie
Qui ne vivait plus là
Non plus

Un peu plus loin
Dans les terres
C'est là qu'elle vit

À Bathurst
On ne fait plus mine
De rien

Caraquet-Tracadie
St-Quentin-Kedgwick
Israël-Palestine

À quand la réconciliation

À Pokemouche
Y a le centre économique
De la Péninsule acadienne

Y attend juste d'être construit

Détour par la 113

Y a beaucoup plus à faire
À Miscou
Que voir
Pis mourir

Au Village Chiasson
Y a un hameau pour havre
Qui n'attend que vous sachiez
Qu'il est là

Changement de poste de radio n° 5

Renée Claude
Shippagan
C'est peut-être tout simplement l'Acadie
Mais l'Acadie
Ce n'est pas que Shippagan
Tout simplement

Retour sur la 11

Sur la route du NB francophone
On arrête souvent chier
Au Irving
À Miramichi

Dans un dépanneur Irving
On brasse plus de marde
Qu'on paie d'impôts

Kouchibouguac
C'est beau

Est-ce que ça a fait plus mal
Que beau

À Bouctouche
La Sagouine s'appelle Viola Léger
Sauf pour les coups de markéting

Le Pays de la Sagouine
S'appelle Antonine Maillet
Tout le monde la connait
Personne ne la lit
Et personne ne fait éclater de citrouille
Le soir de l'Halloween

À Bouctouche
La bibliothèque s'appelle Gérald Leblanc
L'école secondaire s'appelle Clément Cormier
À l'école secondaire de Bouctouche
Durant un atelier scolaire
Ces deux-là
Personne sait c'est qui

À Cocagne
On a enlevé
L'accent circonflexe
Du « a »
Pour distinguer les touristes
Des locaux

À Shediac
Capitale autoproclamée du homard
Une statue de bronze

Le plus gros homard au monde

Je suis content
Que Caraquet
Capitale autoproclamée de l'Acadie
N'ait pas érigé de statue

Y a quelque chose de beau
Dans *Mourir à Scoudouc*
Pis pas juste Eugénie Melanson

La 15

Je vous écrirai de loin pour ne pas.

Jean-Philippe Raîche

Halte n° 9

Sur la 15
J'ai ramassé un *pouceux*
Y a sorti un couteau

Emmène-moi où je veux

J'ai accéléré
120 130 140

Arrête
Tu vas trop vite
Arrête

150 160 170

J'ai un fucking couteau
Arrête tu vas nous tuer

Baisse la vitre

Quoi

Baisse la vitre
Jette ton couteau

Il l'a fait
J'ai arrêté
Y est sorti
Faut juste se rappeler
Quand tu conduis un char
Que c'est toi qui décides

À Grand Barachois
Y a Bois-Joli
Mais ça
Y a que ceux qui savent c'est où
Qui y vont

Changement de poste de radio n° 6

Marie-Jo Thério
Quand t'es là
Y a toujours
Quelque chose
Qui va *on*
À Moncton

Halte n° 10

C'est loin
Je l'entends souvent
T'en fais de la route
Ça te prend combien de temps

Je comprends
Quand tu pars de l'autre province
Quand tu pars de la capitale
Quand tu pars de la métropole
Quand tu pars de l'Ouest
Quand tu pars des États
Quand tu vois ça de l'autre continent

Puis c'est vrai
Que c'est loin
Je veux dire
Quand tu prends la route
Le temps
De venir

C'est loin
Au début
Puis tu pars
Puis tu vas
Pis tu roules

Pis t'arrives là où
D'un coup
Ça devient
Chez nous

Moncton

Pis watche-moi ben
Quand j'aurai pris la go
Ben stallée dans mes pensées
De Moncton

Marie-Jo Thério, *À Moncton*

Qu'est-ce que ça veut dire
Venir de Moncton
(...)
Qu'est-ce que ça veut dire
Venir de nulle part

Gérald Leblanc, *Vancouver*

man Moncton c'est une weird de place

Marc Joseph Edgar Poirier, *Requiem à l'innocence*

Moncton is a country bitch with style

Jean-Paul Daoust, *Carnets de Moncton*

Pancarte de route n° 5

Avertissement

Sur la carte
Une étoile à suivre

Vous êtes ici

J'écris Moncton
Et j'ai 20 ans
J'écris Moncton
Avec l'accent
Celui que tu connais pas encore

So bouche ta *djeule*
Pis écoute

J'écris Moncton
J'écris *chenous*
Que ça paraisse ou non
Dans tes standards

J'écris Moncton
Parce que je viens de là

J'écris Moncton
Je ne suis pas seul

J'écris Moncton la ville
Pas l'Université

J'écris Moncton
Même si j'ai grandi à Dieppe
De là on voit Moncton
Comme un refrain
De là on vit Moncton
Le Grand
Au quotidien

J'écris Moncton
And who cares
Who gives a fuck

J'écris Moncton
Je m'en sors très bien

J'écris Moncton
Il m'arrive aussi d'écrire
En Acadie
Ailleurs
Dans une ville du monde
Ou au volant d'une voiture

Là encore
J'écris Moncton
C'est plus fort que moi

Chez nous c'est nulle part
Quand je ne reviens pas à Moncton

J'écris mes racines
Et ça pousse
En feuilles pleines

J'écris Moncton
En français
Parce que ça se peut
Believe it or not

J'écris Moncton
Avec ma langue

Posée sur tes lèvres
Celles que tu caresses du majeur
Qui chuchotent
T'as rien à dire

J'écris Moncton
Là où j'ai croisé
Quelqu'un de tellement bilingue
Qu'il pouvait *frencher*
Avec deux personnes
En même temps

J'écris Moncton
Et j'étouffe
Dans ma ville

J'écris Moncton
Qu'on me déporte
Ailleurs
Ou plus loin encore

Là

J'écrirai Moncton toujours
Avec mon accent de nulle part
Qui veut pas s'en aller

Il se peut quand même qu'un jour
Je sois déraciné
Ce jour-là
Je n'écrirai pas moins Moncton
Ce jour-là
Je m'ennuierai

La route du retour

Maudit char à marde

Dominic Langlois

Avant-dernière pancarte de bord de route

Avertissement étranger

Icitte le monde est petit
Mais on fait de grandes choses
De temps en temps

Dernière pancarte de bord de route

Avertissement de fin de route

Y a trop de bouts du monde
Pour m'imaginer rendu
Au bout de toi

Sur le chemin du retour
Je t'ai vue acheter
Un *ticket* pour *nowhere*

C'est plus facile comme ça

Avant de te retourner
T'as redemandé

Pourquoi t'es parti

Je suis pas parti
Je suis juste
Pas encore
Revenu

Épilogue pour une diaspora

> *Elle vient de tous les bords*
> *Pour me chambarder*
>
> Marc Chops Arsenault

Pour toutes ces fois
Où je me suis tu
Je ne m'excuse plus

Je suis bien plus qu'un accent
J'ai l'Acadie dans les *balls*
Et ça bouille

Ma langue

Je n'écris pas
Ma langue

Ma langue
Elle n'en fait
Qu'à sa tête

Maladroite
Ça lui arrive
Ma langue
De tourner
Dans tous les sens
Elle tourne
Ma langue
Comme bon lui semble
Et 7 fois s'il le faut

Ma langue
Parle
Elle parle
Minoritaire
Sans drapeau
Sans peuple uni
Animale
Ma langue
Aux ailes
Emprisonnées
Boostée aux cafés
Enivrée aux tavernes

Flouée alcoolique
De restez-chez-vous
Pour chialer
De chômeurs d'entreprises
De complaintes de mal prises
De fier-à-bras sans couilles
De têtes vides pleines d'action

Écho d'ayants droit
Ma langue s'assimile
Elle s'écarte
Écartelée
Prend sa plume
Sa place
Son trou
Et tend ses joues
Et même celles qu'on n'a pas
Couvertes de larmes cicatrices
Giflées
Torturées
Reniées
Ignorées
Trop joufflues
Ignorantes
Et bègues

Ma langue
Courant d'où je viens
Là où le vent s'arrête
Le temps d'inspirer
Un deuxième souffle

Ma langue
Conte sans compter
À coups de trois petits cochons
D'il était une fois
Un imaginaire
En manque de découvrir
De nouveaux mondes
De fausses indes
D'océans sans fin
Avec et sans retour
Ma langue
À qui on vole son fromage
À coup de ruse de renard
Continue de se battre
Pour sauver l'honneur de son pain
Reste fière et soule
À trop boire son vin
Dans un fond de bouteille de bière

Ma langue
Tout croche
En crise
Qui crache
Sa foi
De survivre
À l'orage

Ma langue
Douloureuse
De tripes
Déchirées

Écrasée
Lâche
Effacée
Peureuse
Fracassée
Contre rochers d'ignorance
Et fermeture d'esprits
En manque
De rêves

Mais forte
Mais debout
Et toujours
Toujours
Vivante (2 fois)

Voyageuse
Ma langue
Ne parle peut-être pas
À tout le monde
Mais elle *frenche*
En crisse

Manifeste diasporeux
(coécrit avec Jean-Philippe Raîche)

À cause qu'on faisait pas la guerre
À cause qu'on l'a perdue
À cause que c'était pas la nôtre
À cause qu'on était de trop
À cause qu'on *fittait* pas dans le *deal*
À cause qu'on voulait pas de roi
À cause qu'on prenait pas les armes

On nous a donnés

À cause qu'on s'est cachés
À cause qu'on nous a fait partir
À cause qu'on a mis des années à revenir
À cause qu'on est restés
À cause qu'on ne dérangeait plus
À cause qu'il a fallu réapprendre à lire
À cause qu'il a fallu réapprendre à écrire
À cause qu'il a fallu réapprendre à faire confiance
À cause qu'on sait prêter serment les doigts croisés

On fait notre chemin
Pour marquer quelque chose

À cause qu'en 2008 on célébrait 404 ans
de francophonie en Amérique du Nord
À cause qu'on n'a pas tous été déportés
À cause qu'Évangéline n'est pas un prénom acadien
À cause que l'Acadie n'est pas chiac même si
le chiac est acadien

À cause que Moncton n'existe pas toute seule
À cause que Caraquet s'est autoproclamée capitale
À cause qu'Edmundston fait partie du décor
À cause qu'au Québec on compte 3 millions
de descendants
À cause qu'on se promène dans tous les États
À cause qu'on est des suiveux qui se sont perdus
en chemin
À cause qu'on vit aux iles
À cause qu'on est pas tous des pêcheurs
À cause que la Baie-des-Chaleurs est un mensonge
À cause que la Baie-Ste-Marie est un fort
de résistance
À cause que la Baie-Ste-Anne roule ses « r » comme
personne
À cause que personne n'a jamais *crossé* la *street*,
sauf dans un poème de Raymond Guy Leblanc,
pour se crosser dans une chambre.
À cause que c'est pas Antonine Maillet qui a fait
la Sagouine
C'est plutôt la Sagouine qui a fait Antonine Maillet
À cause que le poète, artiste visuel, dramaturge,
cinéaste, réalisateur, ex-lieutenant-gouverneur et
Chevalier de l'Ordre français des Arts et des Lettres
Herménégilde Chiasson n'a pas tout fait

À cause qu'on écrit des journaux sans jamais les lire
À cause que nos voix ont le plus haut taux
d'analphabétisme au pays

À cause que l'Acadie de Daniel Lanois torche
la toune de Michel Fugain

À cause que l'*Acadie Rock* depuis 1973
À cause que *La rhubarbe volée est meilleure*
que la rhubarbe pas volée
À cause qu'Apollon est à Aberdeen pis Dionysos
un peu partout
À cause que *le bout du monde est bleu*
À cause que *c'est slick. So stick around*
À cause qu'on a quelque chose qui vous ressemble
À cause que vous êtes là

À cause qu'on n'est pas tous des frères. On a aussi
des cousines.

À cause qu'on s'assoit sobre pour se lever soul
À cause qu'on a tort
À cause qu'on a raison
À cause qu'on est nombreux. Des fois.
À cause qu'on ne se connait pas tous
À cause qu'on est loin de toute
À cause qu'on est sans frontière
À cause que c'est notre force. Des fois.

À cause qu'on n'a pas besoin d'une devise
pour se souvenir
À cause que nos valeurs ont pas besoin d'une charte
À cause qu'on est colonisés. Mais juste
quand ça nous tente.
À cause que ça nous tente pas souvent
À cause qu'on n'a pas besoin d'un pays pour être fier
À cause qu'on se tient debout
À cause qu'on est prêt à vous porter
À cause que vous êtes pas tous seuls

À cause qu'on est ensemble
À cause qu'on meurt pas souvent

À cause qu'on est légal. Des fois.
À cause qu'on n'est pas l'égal de tout le monde.
À cause que chez nous colon c'est une insulte
et Bourgeois un nom de famille
À cause qu'on n'aime pas plus la reine d'Angleterre
qu'on a été aimés par son arrière-arrière-cousin
le roi de France
À cause qu'on est toujours le maudit français
d'un autre. À moins d'être assimilé.
À cause que dans les dictionnaires, *Acadie*
se trouve toujours entre *Académie* pis *Acapulco*
À cause qu'on sera toujours les *cousins*
un peu demeurés qui ont de l'esprit
sans vraiment le savoir
À cause qu'on n'a rien contre les immigrants
À cause que *somewhere, somehow,* on est tous
des maudits colons
À cause que c'est de même qu'on s'est ramassés
icitte
À cause qu'on a fini par appeler ça « chenous »
À cause qu'on a trouvé ça beau
À cause qu'y fallait ben, c'est tout c'qu'y reste
au bout du monde, des fois
À cause que, des fois, ça permet même d'inventer
une ville
À cause qu'on l'a nommée
À cause qu'on l'a écrite
À cause qu'on l'a lue
À cause qu'on y croit :

À cause que Rome itou, c'était un trou, avant Virgile
À cause que vous êtes les bienvenus
À cause que nos Hôtesses sont d'Hilaire
À cause qu'on a autant de préjugés
que de chambres d'amis
À cause qu'on aimerait rire de vous autres
avec vous autres plus souvent
À cause que vous pensez qu'on est dont gentils

À cause que vous nous écoutez pas souvent
À cause qu'on fait pareil
À cause que vous vous en foutez
À cause que vous vous en câlissez
À cause qu'on s'en *fuck* ben
À cause que c'est correct comme ça
À cause qu'on veut pas dire parce que
À cause que ça se dit de même itou
À cause qu'on s'est déjà assez excusé
À cause qu'on aime dire *fuck ouère off*
À cause que ça *feel* ben
À cause que nos grands-pères sont allés
faire la guerre des autres la yeule fermée
les dents serrées
À cause qu'on lave plus vos planchers
À cause qu'on sort des cuisines
À cause qu'on y revient toujours
À cause qu'on aime le party
À cause qu'on parle mal
À cause qu'on s'en *goddam*
À cause qu'on va pu à l'église, mais qu'on garde
nos clochers pour la guerre

À cause qu'on continue de croire,
même si on sait pas toujours à quoi
À cause que nos Païens font de la musique
cosmique jazz rock instrumentale en français

À cause qu'on est rendu capable de s'en crisser
À cause qu'on *drive* des chars de luxe
À cause qu'on mange des *Fries Deluxe*
avec de la sau-èce bru-e-ne aigle dou-e-ce
À cause que les Anglais ont toujours pas compris
que *Deluxe* c'est du français
À cause que tout le monde en mange
À cause qu'on appelle ça du bouillon, du fricot
ou du stew, même si c'est la même maudite affaire
À cause que nos poutines peuvent être râpées
ou à trou
À cause que c'est pas tout le monde qui en mange
Mais ceux qui aiment ça aiment ça pour de vrai
À cause qu'on fait d'la râpure pis du râpé pis
que t'as pas besoin de connaitre la différence
pour l'*enjoyer*

À cause qu'on trouvera toujours une *way out*
À cause qu'on *sneak back in*
À cause que les autres *creepont*
À cause que vous comprenez rien de quoisqu'on dit
but vous êtes assez *bright* pour savoir que c'est *awesome*
À cause que vous comprendriez pas plus
si on vous disait *olé cric c't'effrayab'*
À cause qu'on a assez mangé de marde
À cause que ça fait jamais les nouvelles
À cause que c'est de même que c'est

À cause que l'Histoire s'accélère et qu'on s'essouffle
À cause qu'on s'est mis à barrer nos portes
À cause qu'on écrit des *lettres au bout du monde*
À cause qu'on a des amis su Facebook, Twitter,
Skype, Instagram, LinkedIn, Tinder, Grinder,
Pornhub et Revenu Canada
À cause que nos *balcons sont des prisons à ciel ouvert*
À cause qu'on est aussi ben d'en profiter avant
que le prochain ouragan emporte le décor
À cause qu'en cas d'une éruption
on vaudrait bien Pompéi, me semble

À cause qu'on a des rues cartographiées par des poètes
À cause qu'elles ont des noms
et qu'ils nous dérangeaient
À cause que l'Histoire est écrite par ceux qui la font
et racontée par ceux qui n'en ont pas pour ceux
qui s'en crissent
À cause qu'elle n'est jamais écrite
de la même manière
À cause que si l'Acadie n'était pas sujet à poème
l'Acadie ne serait pas
À cause qu'y'a des places, plus laides que d'autres,
qui vivent comme on se noie
À cause qu'un visage ingrat sera toujours
plus émouvant qu'un autre
À cause que l'Acadie est Babel, où chacun construit
sa tour
À cause que l'Acadie est une *freak* de l'Histoire,
celle qui s'en est tirée
À cause qu'on a des rues cartographiées
par des poètes

À cause qu'on a plus de villages avec des noms
de saints que de saints pour les nommer
À cause qu'un nom de saint ça s'invente mieux
qu'un village
À cause qu'on connait mieux nos ancêtres
que nos descendants
À cause que les Leblanc sont fourrés partout
À cause que les Cormier sont pas loin derrière eux
À cause qu'on est toujours parés pour y bailler
pis resoudre pour riocher de c'qui fait zire

À cause qu'on se baigne à moins 40 pour célébrer
la nouvelle année
À cause que nos armes de destruction massive
sont des pinces de homard
À cause qu'on a autant d'ours polaires
dans nos *backyard* que vous avez de chameaux
dans vos savanes
À cause que la dune est plus haute à marée basse
À cause que l'herbe est meilleure pas de clôture
À cause qu'on pave des routes pour gagner
des élections
À cause que nos mères accouchent pour sauver
la contrebande
À cause que les violons réveillent les morts
quand les vivants dorment déjà
À cause qu'on danse souvent avant d'apprendre
à parler
À cause que le bon sens passe juste chez nous une
fois de temps en temps

Ça nous arrive d'être *fuckés*

À cause qu'on veut rien savoir d'une tite place
À cause que c'est ça qu'y disent
À cause qu'on jappe des fois
À cause qu'on mord jamais

À cause qu'on est tannés d'se faire prendre en pitié
À cause qu'on fait pas *fucking* pitié
À cause qu'on *diserve* mieux que ça
À cause que la seule chose qu'on ait jamais eue
c'est les mots
À cause qu'on les *bootleg*
À cause qu'on les *smuggle*

À cause qu'on sera pu là un jour
À cause qu'on le sait
À cause que ça arrive à tout le monde
À cause qu'y en a qui s'en viennent
À cause qu'on veut les voir
À cause qu'on veut que vous les voyiez. Avant qu'y
ne reviennent plus.

À cause que l'Amérique est couverte de routes
qui mènent nulle part
À cause qu'on sait pas d'où on vient
À cause quon sait plus où on va
À cause que c'est ben correct de même

On crée

REMERCIEMENTS

Le *Manifeste diasporeux* a été créé pour la *Soirée des manifestes* le 2 mai 2014 au Festival du Jamais Lu à Montréal, sous la direction de Marcelle Dubois. Salutations à Marcel à James Aymar, Patrice Desbiens, Jean-Philippe Raîche et Christian Roy, à qui j'ai par moments emprunté.

Merci à Daniel Bélanger, Sébastien Belzile, la gang de Cy, Isabelle Dumais, Céleste Godin, Stéphanie Godin, Catherine Lalonde, David Lonergan, Madiane Michaud, Danyelle Morin, Sylvain Rivière, Émilie Turmel et ma famille qui m'avez accueilli/accompagné tout à tour durant mon Acadie *Roadtrip* improvisé de mai à juin 2017. Il y a certainement un peu de vous là-dedans.

TABLE

Direction littéraire
Serge Patrice Thibodeau